*Dieses Buch ist meiner Familie
und meinen Freunden gewidmet, ohne deren Geduld,
Unterstützung und Inspiration
es niemals zu dem geworden wäre, was es ist:
Ein Blick in meine kleines Leben.
Vielen Dank euch allen!*

Neo Overstreet, Juli 2006

Zeitlos

Schlaflos verbring ich Nacht um Nacht,
Und niemals hätte ich gedacht,
Dass Liebe so voll Sehnsucht ist,
Dass man die Zeit nicht mehr vergisst,
Das jede Stunde ohne Dich,
Mich quält als folterte man mich,
Dass jeder Tag die Liebe steigert,
Dass mein Gehirn es mir verweigert,
An jemand anderen zu denken,
Mich irgendwie nur abzulenken,
Dass all mein Handeln und mein Tun,
Auf stummer Sehnsucht nur beruhn,
Die sich in meinen Körper frisst,
Dass du, nur Du allein es bist,
Die Platz in meinem Kopfe findet,
Die alle Gedanken zu einem bindet,
Hast du die gleichen Gefühle wie ich ?
Ich bewundere und liebe dich !!!

Alte Zeiten

Ich war mit Dummheit gesegnet, auf beiden Augen blind,
Ich liebte deine Nähe, ich war ein dummes Kind!
Du hast mich eingesponnen, mit den Fäden der Zeit,
Ich vergaß alte Freunde, du warst mein Glück und mein Leid!
Wie konnte ich es glauben, warum hab ich's nicht erkannt,
Und mich immer tiefer, in dein Herz gebrannt?
Du fandest grüne Wiesen, ein Herz voll Offenheit,
Du hinterließt 'ne Wüste aus Schmerzen und Leid!
Ich erkannte nicht die Wahrheit, erkannte nicht dein "Ich",
Ich rannte in dein Feuer und verbrannte mich!
Meine Freunde gingen weiter, ich blieb einfach stehn,
Ohne was zu merken lies ich sie weiter gehn...
Ich lies mich von dir führen, in eine leere Welt,
Du hast mir deine Lügen als Liebe vorgestellt!
Wie konnte ich dir glauben, hab deine Falschheit nicht gesehn,
Warum ich mich verkaufte, ich werd es nicht verstehn!
Ich vergaß was es bedeutet wenn der Himmel einem winkt,
Vergaß wie es sich anfühlt, wenn man atemlos versinkt!
Ich war immer dein Spielzeug, mein Herz war dir egal,
Meine Liebe war verschenkt, ich erntete nur Qual...
Du brachst mein Glück in Scherben, du ließt mich einfach fallen,
Ich wachte plötzlich auf, der Vorhang war gefallen!
Nun versteh ich deine Gründe, verstehe was dich trieb,
Trauer und Enttäuschung sind das was in mir blieb,
Tausend rote Rosen, mein Herz in Stacheldraht,
Alte Zeiten, altes Leiden, in Erinnerung verwahrt...

Das Leid auf Erden

Und der Regen tröpfelt leise,
nach vollendet langer Reise,
an das Fenster eines Zimmers,
wo durchflutet hellen Schimmers,
einer halb verbrannten Kerze,
und mit trägem, müdem Herze,
ein Mädchen auf dem Boden kauert,
einsam weint und träumt und trauert.
Ihres Haares blonde Strähne
im Gesicht und eine Träne
glänzt in ihrem klaren Blick,
doch es gibt nun kein zurück...
Und es dringt des Messers Schneide
tief ihr in die Eingeweide,
dringt ihr in ihr junges Leben,
und beendet all ihr Streben,
nach Hoffnung Freiheit Glück und Liebe,
alles was ihr nun noch bliebe,
sind die Träume ihres Lebens,
doch die Träumte sie vergebens,
denn alles was sie hier noch bindet,
löst sich, stirbt es flieht es schwindet.
Langsam löst sich ihre Hand,
sinkt herab auf ihr Gewand,
welches rot und blutdurchtränkt,
an dem Toten Körper hängt.
Traurig tröpfelt weiter leise,

in monotoner, stiller weise,
an das Fensterglas der Regen,
und erteilt den letzten Segen,
dem Mädchen, dessen starren Hände,
liegen an des Messers Ende...
Kalt und starr liegt ihr Gesicht,
beleuchtet von dem fahlen licht,
einer abgebrannten Kerze,
ein Bild von Trauer Leid und Schmerze...
Doch es verwäscht der kalte Regen,
auf steten, nassen, feuchten Wegen,
alle Spuren alle Zeichen,
was das Mädchen ließ erbleichen,
und sie wird vergessen werden,
wie sie vergaß das Leid auf Erden...

Dein Herz

Nebel zieht in dicken Schwaden
Durch die Wälder, durch die Wiesen;
Morgentau zu Eis gefroren,
Schillernd an der Bäume Riesen
Die schemenhaft wie dunkle Schatten
Durch die weißen Schleier scheinen.
In diesem stillen Morgenklagen,
Ist mein Herz ganz nah dem Deinen…

Zu schnell...

In einem Grashalm spiegelt sich
des Schöpfers selbstzerstörendes und selbsternanntes Ebenbild
in gerafften Dimensionen; fern jedoch
vom Tod
durch eigenen Fortschritt !

Bleib mein Sonnenschein

Deine Hand berührt die meine,
An jenem Abend, leise, still,
Flackernd nur im Kerzenscheine,
Ich kann nicht sagen was ich will...
Es bricht heraus, es drängt in mir,
Doch fehlen mir die Worte,
Ich bin dir fremd, so nah bei dir,
An einem fremdem Orte...
Es fängt dein Blick mich, sanft und warm,
Mein Herz zieht sich zusammen,
Deine Hand streift meinen Arm...
Was hab ich angefangen?
Leise Zweifel, große Träume,
Drängen sich, sind Phantasie,
Alles Täuschung? Alles Schäume?
Mein Engel, daran glaub ich nie...

Ich spür das Kribbeln, spür das Leben,
Und ich weiß, ich kann dir geben,
Was andere nie finden werden,
Alle Liebe, Freude, Glück auf Erden...
Ein Leben lang den Weg zu teilen,
Niemals mehr allein verweilen,
Immer will ich bei Dir sein,
Bitte bleib mein Sonnenschein...!

Geteilte Freude

Ein kleiner Engel schwebt durchs Leben,
Verteilt mit vollen Händen Liebe!
Streut Freude, Lachen, Glück und Segen,
Auf das ihm selber nichts mehr bliebe,
An dem er selber sich erfreue,
Na, wenn er das mal nicht bereue...

ein Versteck vor all dEr grausamkeit
ein dunkleR fleck gib mir Sicherheit
ein ödes und Trauriges lebEn
ein sinnloses scHweres bEstreben
oh könnt ich Mein denkEn erheben
oh könnt Ich dir liebe Nur gebEn
raus schreieN ich bin bereiT
Oh zerreiße Dein herz gib geborgenheit

Das Ich

Eine Fassade,
nur ein Schrein,
eine leere Hülle
erweckt den Schein,
vom Leben !

Doch wirklich ist
nichts wie es scheint,
alles ist nur Trug,
man meint
zu wissen !

Was sind denn schon
des Fleisches Formen,
ohne Glanz
und ohne Normen;
tot !

Der Geist er lebt,
er zeigt sich wieder
und in Taten
singt er Lieder,
zeigt das Ich !

Lebenswege

Fremde Wesen, dunkle Schatten,
Weiße Schleier, kalter Wind.
Zwischen Bäumen auf der Lichtung
Sitzt allein ein kleines Kind.

Liebe Menschen, helles Lachen,
Warme Düfte, Sonnenlicht.
Mittendrin im bunten Leben,
Steht ein Mann und rührt sich nicht.

Einsam sitzt das Kind und weint,
Es wäre nur zu gern vereint,
Mit einem Menschen, dessen Güte
Es beschütze, es behüte...

Traurig steht der Mann und denkt,
Wem er nur seine Liebe schenkt,
Die er in seinem Herzen trägt,
Die schon lange drückt und schlägt...

Doch ewig werden sie's vermissen,
Sich zu umarmen und zu küssen,
Denn die Wege ihres Lebens,
Suchen ewig sich vergebens...

In meinem Leben

Ich durchstreife die Welt auf einsamen Wegen,
Ich wandere traurig durch tröpfelnden Regen,
Kein Meter des Wegs ist vorher bekannt,
Die endlosen Straßen von mir nicht benannt,
Ich weiß nicht wohin meine Schritte mich lenken,
Ich hab keine Ahnung, wozu auch das Denken,
Ich vertraue den wackligen Brücken der Zeit,
Die Brücken des Gesterns, der Ewigkeit...
Wohin auch immer meine Füße mich führen,
Ich stand schon oft vor verschlossenen Türen,
Wohin auch immer mein Schicksal mich treibt,
Welche Zeilen das Buch des Lebens auch schreibt,
Einen Menschen zu treffen und neu zu entdecken,
Sich nicht im Dschungel der Welt zu verstecken,
Ist aufregend, unbezahlbar und toll,
Wohin mich dies auch führen soll....
Wie lange soll ich die Welt durchstreifen?
Wie lange noch wandern und nicht begreifen,
Warum das Leben so spielt wie es tut?
Doch manchmal fehlt mir einfach der Mut,
Den Sprung weit ab vom Wege zu wagen,
Gewohntes vergessen und Neues ertragen,
Einfach zu Leben, ganz ohne zu denken,
Und dir ein paar Stunden meines Lebens zu schenken...
Doch diese Zeilen die sind nur für dich,
Was immer auch kommt, vergiss mich nicht!

Immer wieder

Und wieder eine Chance vergeben,
wieder einmal nur geträumt,
und wieder geht das alte Leben,
wieder habe ich's versäumt...

Und wieder hat mein Herz gelogen,
wieder schmerzt es qualvoll mich,
Und wieder hab ich mich betrogen,
wieder denk ich nur an Dich...

Und noch mal werd ich Tränen weinen,
nochmal denke ich an Dich,
Und noch mal bin ich nicht im Reinen,
nochmal leb' ich nur für mich...

Die Möwe lacht

Die Möwe lacht, während sich die Klinge
in des Mädchens Unterleib bohrt.
Die Möwe fliegt, während dem Jungen
Blut aus Mund und Nase rinnt.
Die Möwe stirbt, während ein Kuss
zwei Menschen verbindet…

Regen

es berührt mich deine hand,
sanft und zart wie Regentropfen,
die stetig an die scheibe klopfen,
pfützen bilden und vergehen,
aufwärts steigen, niederwehen,
und verfließen band für band...

!

Das wundervollste was ein Mensch
Besitzen und bewahren kann,
Ist die Erinnerung an seine
Vergangenheit.
- Auch wenn sie grausam wirkt…!

Es ist eiskalt

Mein Atem schlägt sich nieder,
Noch liegt der Wald im Dunkeln.
Die ersten Sonnenstrahlen beleuchten
Schemenhaft die unwirkliche Landschaft.
Ich sehe das frische Grün der Wiesen,
Und die Eiskristalle, schillernd, zart.
Spinnennetze wiegen sich im Morgenwind,
Besetzt mit den gefrorenen Perlen des Morgentaus.
Es ist eiskalt, grausam, still.

Ich beobachte den Horizont,
Nicht fern, ein naher Hügel.
Die Sonne erklimmt mühsam seine Spitze.
Die ersten Schatten beginnen zu schwinden,
Langsam, erwachend, löst sich der Frost,
Ein kühler Tropfen trifft meine Hand.
Ich spüre die Kälte,
Und doch hoffe ich, ich hoffe, doch
Es ist eiskalt, grausam, still.

Meine Gedanken lassen sich fesseln
Von der Schönheit der Kälte, des Winters
Ich bin gefesselt und umgarnt.
Die Faszination, die Begeisterung,
Ich erwarte das Leben, erwarte Klänge,
Ich sehe die Sonne, die sich ihren Weg bahnt.
Unermüdlich, unbändig, unaufhaltsam.

Ich sehe das Leuchten, die Kraft, und trotzdem,
Es ist eiskalt, grausam, still.

Die Sonne steht hoch am Zenit,
Doch ihre Strahlen wärmen mich nicht,
Spurlos gehen sie an mir vorüber,
Mich fröstelt, ich zittere, ich warte.
Ich warte auf die Vögel, das Zwitschern,
Ich warte auf Tiere, auf Bewegung,
Wo sind die Klänge des Waldes?
Wo ist das Erwachen des Lebens?
Es ist eiskalt, grausam, still.

Langsam zieht die Sonne ihre Bahn,
Verzweifelt laufe ich durch die Leere,
Ich suche nach Freiheit, Wärme und Liebe,
Ich suche nach lebenden Wesen, doch
Wo bist du? Wo finde ich dich?
Ich sehe die Wärme, sehe das Licht,
Doch ich fühle nichts.
Wo ist das Licht das ich sehe?
Es ist eiskalt, grausam, still.

Die Landschaft liegt starr, wie am Morgen,
Während die Sonne sich zum Horizont neigt,
Nichts hat sich verändert, und doch ist alles anders,
Ein Tag vergeht, verweht, zerstäubt...
Die Sonne versinkt am Horizont,
Mit einem stummen Schrei greife ich ins Nichts,
Will die Strahlen erhaschen,
Will die Wärme ergreifen, fühlen, unsagbar der Schmerz,
Es ist eiskalt, grausam, still.

Der letzte Strahl verschwindet hinter der Linie
Des dunklen, schwarzen Waldes,
Meine letzte Hoffnung stirbt, schwindet,
Ich fühle die Leere um mich herum…
Traurig, einsam wiegen die Spinnennetze im Wind,
Die grüne Wiese, grau, verlassen,
Hoffnungslos fallen lange Schatten,
Umgarnen mich, umhüllen mich,
Es ist eiskalt, grausam, still.

Nichts lebt, es erstarrt der Wald,
Und meine Gedanken suchen sich,
Finde ich Klarheit, Wärme, Licht?
Nicht in dieser, grausamen, schwarzen Nacht,
Verstehst du mein Streben?
Die Sucht nach Wärme, nach Liebe?
Wo steht dein Stern am Himmel?
Wo ist dein kleines lachendes Ich, das die Nacht durchbricht?
Es ist eiskalt, grausam, still.

Vergebens suche ich, hoffe ich,
Unmöglich die Nacht zu durchdringen,
Wo ist dein kleines Leuchten,
Welches mein Herz erhellt, mich heilt?
Hörst du meinen stummen Schrei?
Siehst du meinen Blick?
Hilf mir zu bestehen, sei mein Licht,
Ich brauche deine Kraft, denn
Es ist eiskalt, grausam, still…

Vom Ehrgeiz

Halt ! Werde nicht ehrgeizig !
Willst du nach hohen Dingen streben ?
Warum ?
Bäche und Flüsse fließen doch auch nicht
Aufwärts !

Schöne Zeit

Viele Jahre meines Lebens,
Suchte ich nach Dir vergebens,
Suchte nach 'ner schönen Zeit,
Nach Liebe für die Ewigkeit!
Nach Glück in allen Lebenslagen,
In guten wie in schlechten Tagen,
Meine Suche ist vorbei,
Was nun bleibt sind nur wir zwei,
Du bist das Licht in meiner Welt,
Das das Leben mir erhellt...

Alter

Alter ist relativ.
Es gibt nur junge Gedanken !

Vergessen

Eiskalt und unberührt,
streift mein Blick,
deinen leblosen Körper.

Eiskalt und unberührt,
wandert er zu deiner Brust,
aus der ein Messer ragt.

Eiskalt und unberührt,
wende ich mich ab -
und fühle bodenlosen Hass !

Jahrelang

Ausgestoßen, angespuckt vom Leben verbannt,
Die Tiefe des Herzens, die Gefühle verbrannt,
Die Liebe erschlagen, die Trauer erweckt,
Der Hass lodert auf der tief in meinem Innern steckt,
Du hast es getan ich war es nicht,
Ich sehe in dein verzerrtes Gesicht,
Jahrelang gepeinigt, gedemütigt, gequält,
Jetzt wird abgerechnet, jetzt wird abgezählt,
Ich hatte keine Chance, ich konnt' es dir nicht sagen,
Jetzt musst du ganz allein die Konsequenzen tragen,
Für jeden Schlag, für jeden Tritt, für jedes Wort an mich,
Richte ich die tödliche Mündung auf dich,
Jetzt wimmerst du um Gnade, doch jetzt ist es zu spät,
Du hast zu viel Leid und zu viel Hass gesät,

Ich habe meinem Finger den Impuls gegeben,
Und nun dringt dir die Kugel durch die Stirn ins Leben,

Hinter Gittern leb' ich sicher, dass sagte man mir,
Doch die Schuld an deinem Tod liegt ganz allein bei dir...

Jahrelang, jahrelang, jahrelang,
Jahrelang...

Auf immer!

Eine helfende Hand - jeden Tag !
Ein beruhigender Blick - jederzeit !
Auf Deine Meinung baue ich !
Deinen Worten traue ich !
Wie ein Felsen in der Brandung -
Verbindet uns - Freundschaft !
Auf immer !

Ob du es fühlst…?

Ein stummer Schrei,
Ein kalter Blick,
Greift mich drohend an.

Doch ich bin frei,
Geh nicht zurück,
Ich hab es nicht getan.

Es wandeln sich
Wohl Zeit und Raum,
In meinem neuen Leben.

Ein Wort an Dich,
An deinen Traum,
Kann Dir nun Liebe geben.

Ob Du es hörst,
Ob Du es fühlst,
Werd ich niemals wissen,

Doch träumen werd ich alle Zeit,
Denn Träume zu vermissen,
Ist härter als ob's in mir schreit,
Weil es mein Herz zerrissen !

Lebst du dein Leben ?

Lebst du in deiner Phantasie,
-oder in der Realität ?
Lebst du in Gedanken,
-oder mit deinem Körper?
Lebst du allein,
-oder mit Anderen?
Beobachtest du das Leben,
-oder dich selbst?

Vom Glück gestreift

Selten einsam diese Tage,
selten einsam diese Stunden,
langsam drängt in mir die Frage,
habe ich Dich schon gefunden ?

Ist dein Lächeln schuld an allem?
Finde ich daran gefallen,
dir zu glauben und zu hoffen,
dass dein Blick mich nicht getroffen...

Doch du bist bereits vergeben,
ob mein Herz dies je begreift ?
Einsam werd ich weiter leben,
das Glück, es hat mich nur gestreift...

Auf des Meeres Grund

Glitzern, Schillern, Farben, leuchtend zart,
Weich und hart und feucht verschwunden.
Silbern weit, tiefrot
Bewegung
Wandern auf des Meeres Grund.

Rot

Ein gemeinsames Boot, wird zur zweisamen Not, und führt zum einsamen Tod.

Für Dich

Immer wieder immer mehr,
Möchte ich dir glauben.
Und es knistert doch so sehr,
Beim Blick in deine Augen.

Liebe ist es was ich seh',
Glück und auch Vertrauen,
Doch manchmal tut es auch sehr weh,
In dich hinein zu schauen.

Doch fühl ich selten diesen Schmerz,
Viel öfter läuft es warm,
Wie ein Schauer durch mein Herz,

Drum sollst du hierdurch auch erfahrn,
Meine Liebe ist kein Scherz,
Und ewig werd ich sie bewahrn.

Leben

Jeden Morgen, immer wieder,
hebe ich die müden Lieder,
um zu handeln und zu streben,
dieses Handeln nennt sich Leben,
ist doch nichts als strebend Handeln,
und ein stetiges sich wandeln,
voller ungewisser Sorgen,
Gestern, Heute oder Morgen,
immer wieder, Jahre lang
und der stetig starke Drang,
all das Denken, Lenken, Streben,
kurze Zeit nur abzugeben,
und voll Glück die Arme breiten,
frei zu schreiten,
Leben !

Zeit

Ewig her und gestern,
Unendlich lang und kurz,
Ungewiss und doch mit Sicherheit.

Tränen

Tränen sind wie Diamanten,
Tränen sind so wunderschön...
Tränen spiegeln Seelenleiden,
Tränen kommen, Tränen gehn...

Tränen sprechen tausend Worte,
Tränen zeigen tiefes Leid...
Tränen spenden Lebensfreude,
Tränen sind die Einsamkeit...

Tränen spülen Schmerzen fort,
Tränen funkeln, glitzern, lachen...
Tränen können niemals lügen,
Tränen können glücklich machen...

Tränen zeigen dir die Seele,
Tränen lassen Stein erweichen...
Tränen können Sorgen töten,
Tränen heilen ohne gleichen...

Rote Flecken im Sand

Rohe Gewalt,
Die niemand erkannt,
Spüren wir bald.
Rote Flecken im Sand.

Sterbende Kinder,
Liegen im Land,
Geschlachtet wie Rinder.
Rote Flecken im Sand.

Vergewaltigte Frauen,
Die Seele verbrannt,
Des Morgens im Grauen.
Rote Flecken im Sand.

Das Töten geht fort,
Es ist nicht gebannt.
Und an jedem Ort:
Rote Flecken im Sand.

Zerstört

Ein Wort.
Ein Gedanke.
Ein Austausch.
Ein Gefühl.
Ein falsches Gefühl ?
Ein falscher Gedanke ?
Ein falsches Wort ?
Ein falscher Austausch ?
Zerstört !

Nur zu bald (…)

Eine Fischerrute; eine Wolke in der Abendsonne;
Eine Welle am Meeresstrand…
Eine Prügelrute; eine Giftgaswolke im Morgenrot;
Eine Welle der Gewalt-
Nur zu bald (…)

Ein Licht am Wegesrand

Am Wegesrand ein kleines Licht,
Seit wann es blüht, ich weiß es nicht,
Sachte wiegt es sich im Wind,
Das kleine, zarte Blumenkind.

Ich bleibe stehen, schau es an,
Doch ich glaube nicht daran,
Das dieses kleine Blumenkind,
Hin und her geschwenkt vom Wind,
Irgend jemand halten sollte,
Der morden, töten, quälen wollte,
Doch diese kleine Blume hier,
Fesselt, zügelt alle Gier,
Nach Gold und Gütern und nach Macht,
Niemals hätt' ich das gedacht,
Die Kraft aus diesem bunten Blatt,
Setzt jeden Menschen Schach und Matt,
Dessen Herz nicht ganz verdorben,
Dessen Seele nicht verstorben,
So gibt das Blümlein mir die Kraft,
Und so hab ich es geschafft,
Alle Sorgen abzugeben,
Kann jetzt frei mein Leben leben,
Kann jetzt jubeln, atmen, lachen,
Kann mich frei von Ängsten machen,
Dankbar schaue ich hernieder,
Und ich frag mich immer wieder,

Warum ich dies nicht eher wusste,
Warum ich es erst lernen musste,
Mit den kleinen Dingen frei zu leben,
Nicht nur nehmen, sondern geben…
Dieses Blümlein das hier steht,
Das im sanften Winde weht,
Auf das ich all mein Glück nun schiebe,
Ich glaube, manchmal heißt es Liebe…

Am Wegesrand ein kleines Licht,
Wie lang es blüht, ich weiß es nicht,
Seit wann es blüht, das weiß ich nun,
Und ich kann nichts dagegen tun…

Seelische Folter

Wenn ein Schrei mich retten könnte,
Ich würde ewig schreiben !
In Panik.
Ich kann mein Fühlen nicht verstehn.
Hass, Wut, Angst, Trauer, Schmerz;
Gegen Alles und Jeden.
Doch warum liebe ich ?
Gib mir doch ein Versteck; hilf mir…
Sperre all meine Angst vor die Tür !
Warum fühle ich so ?
Ich will nicht !
Ist es denn so schlecht ? Warum ?
Schmetterlinge im Bauch, aber es sind
Tote Schmetterlinge.
Tot ?
Ich will nicht fliehen, denn durch all die
Angst
Liebe ich. Ich liebe und lebe.
Ich liebe grenzenlos.
Macht es mir Angst; oder was ?
Warum verbinde ich dich mit meiner Angst ?
Und dann;
Freunde ?

Vom Leben und Sterben…

Zu leben heißt,
zu denken,
Zu sterben heißt,
nicht gelebt zu haben,
zu denken heißt,
zu fühlen,
nicht gelebt zu haben heißt,
vergessen zu werden,
zu fühlen heißt,
zu leben,
vergessen zu werden heißt,
zu sterben…

Dein Lachen

Wie ein Tropfen kalter Regen,
wie ein kühler Sommersegen,
hilft dein Lachen meinem Herzen,
und vertreibt mir alle Schmerzen...

Und nun…?

Ein zärtlicher Stupser…
ein flüchtiges Lächeln,
ein verstohlener Blick,
was hält Dich zurück…?

Oh gib mir doch Liebe,
oh hilf mir zu leben,
oh zeig es mir doch;
magst du mich noch…???

Gedacht, gequält, verdrängt...

Der Gedanke allein,
Bringt mir höllische Pein,
Er durchbohrt mich wie Stahl,
Und ist grausamste Qual,
Er durchzuckt mich wie Schmerz,
Er bricht mir das Herz,
Der Gedanke allein,
Von dir getrennt zu sein!

Leere Gedanken

*Was ist eine Sekunde, im
Gegensatz zur Ewigkeit ?
Was bist du, im
Gegensatz zur Vollkommenheit ?
Was ist ein Gedanke, im
Gegensatz zur Zeit ?*

!Nichts

Oh weh !

Hallo meine hübsche Maus,
Ich bin weit weg von mir zu Haus,
Doch soll dies nicht im argen liegen,
Ich reime dass die Balken biegen,
Und schicke dir die Zeilen heim,
Es lebe hoch der schlechte Reim!

Sanfte Macht

Oh Menschenkind, sei unbedacht,
gib mir zügellose Triebe,
oh Menschenkind, verwandle sacht,
kalte Blicke, Worte, Hiebe,
feste Griffe, Hass und Liebe,
gib mir Macht !

Die Fesseln der Liebe und des Lebens

Gemischt mit dem Gefühl tiefster Liebe,
Steht das Verlangen. Das Verlangen
Zu einem faszinierenden,
Unendlich vertrauten und doch
Unergründlich fremden und geheimnisvollen
Menschen der mich gefangen hält.
Nicht mit Ketten oder Fesseln,
Sondern mit den Reizen eines selbständigen,
Und erwachsenen Menschen, die in
Dem sterblichen Körper gefangen sind,
So wie ich von ihnen gefangen und umschlungen
Bin. Mit dem Fesseln der Liebe
Und des Lebens.

Seht ihr nicht…?

Seht ihr nicht die Blume die verwelkt ?
Seht ihr nicht das Ende ?
Wer nicht denkt ist jetzt schon
Tod !(?)

Optimist

Ich spüre den Stich im betrogenen Herz,
Ich fühle die Trauer, die Tiefe, den Schmerz,
Doch weiß ich nicht ob ich's wusste,
Weiß nicht ob es so enden musste,
Zweifel zernagen mein Nervengerüst,
Doch sicher ist, dass es so besser ist,
Als blind vor sich hin zu leben,
Und sich der Falschheit vergeben…
Auch wenn ich nicht weiß wie es weiter geht,
Was für mich noch im Buche des Lebens steht,
Wenn das was ich mal als Zukunft sah,
Plötzlich im Dunkeln verschwunden war,
Vergiss niemals was das Leben ist,
Denn wer lebt, der ist Optimist…

Oh lass mich rein !

Die Zeit, sie ist vergangen,
Stunden die verwehn,
Die Zeit, sie ist vergangen,
Habt ihr es gesehn?

Zu lange ist es her,
Zu lange war die Zeit,
Weiter geht's nicht mehr,
Ich bin noch nicht bereit...

Oh lass mich rein,
Oh lass mich rein,
Die Zeit hat sich vergangen,
Oh lass mich rein...

Illusionen

Sprich nicht vom Leben,
Sprich vom Tod !
Denk nicht an Hoffnung,
Denk an Not !
Denn nur wer an das Schlimmste glaubt,
Wird keiner Illusion beraubt !

Träume, Liebe, Leben, Tod.

Reden…
für wen ?
Denken…
für wen ?
Ist es nicht vergänglich, tödlich ?
Gibt es Dich ?
Oder mich ?

Gibt es uns, träumen wir ?
Bemerkst du nicht
das Zittern in mir ?
Sprech ich nicht
in Bildern zu Dir ?

Du glaubst an das Leben ?
Leben ?
Du willst danach streben ?

Träume,
Liebe,
Leben,
Tod.
Ich bewahre Dich…
Oh Zufall !

Die Suche nach Wärme....

Tief *in meine* **Träume** *versunken,*

ganz **in** *mir, bin* **ich** *einsam.*

In **meiner** *Einsamkeit träume ich* **von** *Worten,*

die meine **Seele** *trösten.* **Dir** *sind diese*

Worte

gegeben...

Vom Meer

Schäumende Gischt, steigt zischend empor,
Und singt mir Brausen und Brodeln was vor:
Von fernen Ländern, von Raum und Zeit,
Von Anmut, von Schönheit und der Ewigkeit.

Die Wasser der Meere, sie sahen so viel,
Sie trieben schon immer ihr buntes Spiel,
Was für uns so lang, ist für sie gering,
Denn Zeit ist für sie ein erfundenes Ding.

Zehntausend mal die Sonne verschwand,
In des Meeres Wasser, an der Welten Rand,
Und zehntausend mal ging sie wieder auf,
Und nahm über die Meere ihren Lauf.

Flut und Ebbe in wechselnder Kraft,
Haben ein herrliches Bild geschafft,
Das Land ist hier, und das Wasser dort,
Doch berühren sich beide an jedem Ort.

Tiefgrün und schillernd, vor dem Sturm die Ruh,
Deckt es den blauen Planeten zu,
Der viele tausend Jahre alt, und geformt ist
von der Fluten Gewalt.

Donnernde Brandung die alles zerschellt,
Oder sanfte Dünung in traumhafter Welt.

Das Meer ist imstande den Tod zu verleihn,
Doch es lässt hier auf Erden das Leben gedeihn.

In Ewigkeit werden die Wasser bleiben,
Und ewig ihre bunten Spiele treiben,
Und macht sich der Mensch einmal selbst den Gar aus,
Macht sich das Meer da noch lange nichts draus...

Hin und her

Hin her, mer mehr, im und
Oh Rast, gro Hast, sser in ne
Flüch doch Sich heit, er in te
Ru macht in breit. dir sich he
Oh Hast, sie Rast, nun macht ne
Im mehr; und her! hin mer

Siehst du mich ?

Du.
Sitzt hier.
Ich sehe:
Dich, meinen Traum.
Und - und du;
Siehst mich -
Nicht...?!

Das Nichts was alles ist

Du lebst,
Du lernst,
Du schaffst,
Du bist.

Was bewirkt das alles ?
Ändert es etwas an der uralten Geschichte
Der Erdentwicklung ?
Gibt es etwas das wertloser ist als das Leben ?
Oder gibt es etwas das mehr Wert hat…?

Wut

Wut- die schmerzhafte Erkenntnis,
Ein Niemand zu sein.
Wut- die Wahrheit erfassen,
Dass das Leben nichtig ist.
Wut- die Angst bestätigt zu sehen,
Dass du mit mir spieltest...

Du bist gegangen ohne Worte...

Einsam zieh ich durch die Wälder,
Eiseskälte, Frost und Schnee.
Wie betäubt von Leid und Trauer,
Die Seele schmerzt, das Herz tut weh.

Zögernd stehe ich im Nichts,
Trauernd in der Dunkelheit,
Warum hab ich dich verloren?
Ich war dazu noch nicht bereit...

Siehst du meine stillen Tränen?
Verzweifelt rufe ich nach dir !
Mein Schrei verhallt, verraucht, erlischt,
Hilflos, ratlos, steh ich hier...

Das Leben geht den alten Gang,
Sorglos, gleichsam Tag für Tag
Kennst du diese dumpfen Schmerzen,
Die ich tief im Herzen trag...?

Kennst du dieses Höllenleiden,
Diese Folter, diesen Schmerz ?
Ich möchte schreien, rufen, weinen,
Es zerreißt mir fast das Herz...

Du warst der Inhalt meines Lebens,
Warst mein Blümlein, warst mein Glück,
Der Stern an meinem kleinen Himmel,
Doch du bist fort, kommst nicht zurück...

Du bist gegangen ohne Worte,
Bist geflüchtet vor dem Leben,
Meine grenzenlose Liebe,
Kann ich dir nun nicht mehr geben...

Dein Tod kam plötzlich, grausam schnell,
Ich ahnte nichts, ich weiß es nun,
Der Schnitt war sicher, tief und tödlich,
Ich kann nichts sagen, kann nichts tun...

Ich kann nur meine Trauer leben,
Kann dich in meinem Innern sehen,
Oh hätte ich das Leid erahnt,
Du wolltest nicht, du wolltest gehen...

Heimlich leise, still für dich,
Hast du mir mein Herz geraubt,
Unser Leben hätte Zukunft,
Immer hab ich dran geglaubt !!!

Ich hatte Wünsche, weite Träume,
Hatte alles, hatte Dich,
Hatte Pläne für das Leben,
Nur das Eine dacht' ich nicht...

Dachte nicht das es vorbei geht,
Wusste nicht was Ohnmacht heißt,
Und niemals hätte ich gedacht,
Wie schnell der Lebensfaden reißt...

Nun steh ich hier allein im Leben,
Und sehne mich nach deiner Hand,
Doch diese Chance ist nun vergeben,
Ich sehe nur des Nebels Wand...

Einsam ist es hier geworden,
Trübe tröpfelt nun die Zeit,
Der Sinn des Daseins ist vertan,
Ich warte auf die Ewigkeit...

Ein letzter Schrei nach deiner Liebe,
Weckt mich aus der Lethargie,
Ein Rufen das dir nochmals sagt,
Mein Engel, dich vergess' ich nie...

Ich sehe all das Blut, die Klinge,
In deinem Arm der tiefe Schnitt,
Deine Willenskraft war grausam,
Es war ein konsequenter Schritt...

Im Stillen hast du es geplant,
Im Dunkeln hast du es vollbracht,
Doch das Leid auf meiner Seite,
Dauert nicht nur eine Nacht...

Noch viele Tode muss ich sterben,
Ich sterbe mit dir, täglich neu,

Ganz egal wo du auch sein magst,
Deiner Seele bleib ich treu...

Ein drittes Auge ?

Siehst du sein doppeltes Hirn ?
Siehst du ihr doppeltes Hirn ?
Aber hast du ein drittes Auge ?

Von der Liebe verlassen

(Wo bist du?)

Mein Blick streift die Bäume im dampfenden Wald,
Der Regen durchweicht mich, so einsam und kalt,
Du bist fortgegangen mit zügigen Schritten,
Ich konnte nicht folgen, habe grausam gelitten,
Habe immer und immer mich selber gefragt,
War'n wir zu glücklich? Oder hab ich versagt?
Warum bist du gegangen, es war doch so schön,
Gemeinsam die Wege des Lebens zu gehen...
So frag ich mich nun, wo bist du?

Die Liebe verloren, die unkündbar schien,
Mein Herz sagt mir immer noch "Ja!"
Die Liebe verloren, die grenzenlos schien,
Doch du bist für mich nie mehr da...
Ich habe dich stets auf Händen getragen,
Ich hab dir geglaubt ohne einmal zu fragen,
Ich habe für dich meine Tränen vergossen,
mein Glück kaum begriffen, das Leben genossen,
So frag ich mich nun, wo bist du?

Die Wunde ist frisch, doch die Schmerzen vertraut,
Ich hab schon zu oft nur auf Wasser gebaut...
Ich vertraute den wackligen Brücken der Zeit,
Dir mein Herz offenbaren, dazu war ich bereit...
Habe hunderte Rosen für dich nur gepflückt,
Doch sie waren mit tausenden Dornen gespickt...

Ich hätte es ahnen, es wahrnehmen können,
Es scheint als sei mir keine Liebe zu gönnen…
So frag ich mich nun, wo bist du?

Nacht der Träume

Nächte voller süßer Träume,
Zarte Wolken, helle Sterne,
Mehr als unsichtbare Schäume,
Helles Leuchten in der Ferne,

Ein Morgen voller Vogelstimmen,
Feine Klänge, liebe Worte,
Will das Dach der Welt erklimmen,
Unsichtbar von jenem Orte...

Sichtbar nur von deinem Herzen,
Wo ich in ungewohnter Weise,
Frei von Sorgen, Angst und Schmerzen,
Glücklich weine...leise...leise...

Über die Zeit

Wir leben in einer unermesslich kleinen Falte
eines Fächers
der *Z e i t* genannt wird.

Die *V er g a n g e n h e i t* besteht aus unendlich vielen,
unabänderlichen Reproduktionen
des gegenwärtigen Augenblicks.

Wir kennen weder das Muster welches uns erwartet,
noch das welches hinter uns liegt.

Wir können die Vergangenheit zwar denken,
n i e aber wissen.

Vergangenheit ist unsichtbar,
man sieht auch beim Blick in das Vergangene,
nichts als die Gegenwart.

Zeit ist keine Dimension,
Zeit ist eine unendliche Fülle von Dimensionen,
und jede derselben,
ist eine unendliche Fülle von Zeiten.

Des Kindes Glück

Ein dumpfes Grollen in der Ferne,
Es weht ein stürmischer Wind,
Am Himmel nur zwei einsame Sterne,
Am Boden kauert ein Kind...
Es hält in seiner kleinen Hand,
Einen wertvollen, kostbaren Stein,
Ein knistern in des Waldes Wand,
Ein zuckender Feuerschein.
Verängstigt wie ein Wild auf der Jagd,
Läuft das Kind hinfort,
Es hört eine Stimme die innerlich sagt,
Leiden, Folter, Mord!

Vor Angst erbleichend bleibt es stehen,
Und muss voll Entsetzen mit ansehen,
Wie drei Gestalten aus dem Walde springen,
Sich auf ihn werfen und ihn niederringen,
Ihm seine kostbare Fracht entreißen,
Wie Wölfe sich in ihr Opfer beißen,
Das Gesicht voller Tränen springt es auf,
Es gibt nichts verloren, es gibt nichts auf,
Doch ohne Gnade sind die Gestalten,
Sie lassen grausame Kräfte walten,
Sie zerschlagen dem Kinde das Gesicht,
Wortlos, Mitleid kennen sie nicht,
Sie treten auf den wehrlosen Körper ein,
Und entreißen dem Kinde den Stein,

Der es vor Unglück bewahren sollte,
Bevor der dumpfe Donner grollte,
Doch unerbittlich wie der Welten Streben,
Springen drei Gestalten in sein Leben,
Geschlagen bleibt das Kind nun liegen,
Es möge die grausame Wahrheit siegen,
Verloren ist der wertvolle Stein,
Es ist so gekommen, es sollte so sein.

Unfähig zu laufen, mit gebrochenen Gliedern,
Mit blutunterlaufenen, schmerzenden Liedern,
Versucht sich das Kind nun hinweg zu bewegen,
Gekühlt von dem langsam, tröpfelnden Regen,
Weg von dem Ort des Leidens, der Schmerzen,
Mit unbändiger Trauer im klopfenden Herzen,

Mit Angst in den Augen, mit Blut im Gesicht,
Beleuchtet von dem fahlen Licht,
Zweier einsam leuchtender Sterne,
Und es sieht in der weiten Ferne,
Durch einen roten Schleier geblendet,
Des Feuers Leuchten, wie es entschwindet.

Und es bricht der Gedanke herein,
Das es verloren hat sein Glück,
Den kleinen wertvollen Kieselstein,
Das kostbare, einzige Stück.
Welches er einst von seiner Schwester bekam,
Vor ihrem zeitigen Tod,
Der Stein den er gerne an sich nahm,
Brachte ihn nun in Not.

Kein Gold, nicht Diamanten nur ein Stein,
Ein Gedanke an alte Zeiten,
Er brachte ihm Leiden und Schmerzen ein,
In der Wälder endloser Weiten.
Die fremden Gestalten, im irrigen Glauben,
Der Stein brächte Reichtum ihnen und Geld,
Schämten sich nicht ein Kind zu berauben,
Den kleinen tapferen Held,

Der mit dem Mut der Verzweiflung sich wehrte,
Und sein eifriges Streben verlor,
Und es kauert wieder am Boden,
Das Kind; einsam wie zuvor...

So viel Zeit

So viel Zeit verging,
Doch wer sagte was ?
So viel Zeit verging,
Hast du es gewusst ?
So viel Zeit verging,
Wo bleiben ein paar Worte?

So viel Zeit vergeht,
Bald ist es zu spät…

Endlose Weiten

Endlose Weiten
und grausame Stille,
ein einsames Schreiten
gebrochen der Wille,

Zu Leben,
zu hoffen,
zu geben.

Ein Streben
sich offen
dem Leben

zu geben -
und hoffen:
zu leben...

Gebrochen der Wille,
so einsam zu schreiten
und grausam die Stille
der endlosen Weiten...

Und ich weiß es…

Das Feuer verbrennt mich,
mir ist alles egal;
und nie wieder glaub ich,
an eine größere Qual…

Mein Herz schreit nach Liebe,
Doch es sehnt sich nach Dir…

Und ich weiß es…
du bist dir immer noch viel treuer als mir !!!

Kindlicher Glaube,
und unschuldige Tat;
zertreten im Staube,
ich weiß keinen Rat…

Mein Herz trägt Begierde,
Doch es sehnt sich nach Dir…

Und ich weiß es…
du bist dir immer noch viel treuer als mir !!!

Drohend befällt mich,
der geistige Tod !
Im Augenlicht bricht sich
die drohende Not…

Mein Herz flieht vor Lüge,
Und nun flieht es vor Dir...

Und ich weiß es...
du warst dir immer schon viel treuer als mir,

Und nun glaub ich's...
du bist und bleibst grausam zu mir...!!!

Du

Sanft wie Seide,
Schwer wie Blei,
Schwarz wie Asche,
Zart wie Samt,

und trotzdem nur ein Mensch !

Mein kleiner schwarzer Engel

So unnahbar, und so fern
Strahlt mein fremdes Leben;
So unnahbar, und so fern
Leuchten Deine Augen

Zum greifen nahe, dicht bei mir,
Lebst Du an mir vorbei.
Zum greifen nahe, dicht bei mir,
Siehst Du mir ins Gesicht.

So unnahbar, doch so nahe
Streift Dein Körper mich,
So unnahbar, doch so nahe,
Umweht mich sanft dein Duft...

Vorbei

In Liebe und Hass,
erfüllte sich das,
was ich ahnte.

Trauer in mir,
und Liebe zu Dir,
die mich mahnte.

Nun ist's einerlei,
nur noch ein Schrei;
Vorbei.

Sommersegen

Ich seh das Ende meiner Träume,
Seh die Leere meines Lebens,
Und das Ende all der Schäume
Ist das Ende meines Strebens.

Und ich weine, leise, stumm;
Sehnsucht, Zweifel, fernes Glück,
Der Griff ins Nichts, naiv und dumm,
Bringt mich näher, Stück für Stück.

Aber Hoffnung spiegelt leise,
In mystisch schwerer, dumpfer Weise,
Jeder kalte Tropfen Regen,

Der nach seiner weiten Reise,
Durch Wolken, Sonne, Schnee und Eise,
Schillernd wie ein Sommersegen...

Das Schöne

Das Schöne ist **selten,**
               zu   lange die Zeit,
in der dieses   **selten** mich berührte.
Ich   **fühle**   die Einsamkeit
               Ich   brauche nur Dich,
Doch   **deine**   Unerreichbarkeit
bringt mir deine **Nähe.**

Rote Rose

Diese rote Rose hier,
Ist für dich und kommt von mir.
Sollt es doch keine Rose sein,
Schleicht sich hier ein Fehler ein,
Doch mach dir da mal gar nichts draus,
Du hast doch mich du meine Maus !

Nacht und Tag

Mein Blick schweift über die grünen Täler;
Langsam erklimmt die Morgensonne
Die Bergkuppe am Horizont...
Leise weht ein kühler Wind,
Der sanft meine Haut berührt.
Die Vögel beginnen lebensfroh ihre hellen Lieder;
Die Luft ist klar, rein, unschuldig...
Kein Wölkchen zeigt sich am hellblauen Morgenhimmel;
Nur die halbverblasste Sichel des Mondes
Erinnert noch an die vergangene Nacht,
An die Nacht an der ich beschloss von der Brücke
Auf der ich nun stehe ins Tal zu stürzen
Und meinem Frühling ein jähes Ende zu bereiten...

Wintermärchen

Wie ein Wintermärchen zeigt sich mir
Die Landschaft, fern und weit von Dir,
Bedeckt mit einem weißen Schimmer,
Und doch erfüllt vom warmen Glimmer.

Wie ein Lächeln deiner Augen,
Begierig in sich aufzusaugen,
Jeden Glanz und jede Freude.
Und wenn ich auch noch so sehr leide,

Nimmt dein warmer Frühlingsregen,
Alle Sorgen, allen Schmerz,
Nimmt sie liebevoll entgegen,

Treibt wie der Wind im frühen März,
Wunderbar den stillen Segen,
In mein kaltes, starres Herz…

Poem of love and loneliness

Deine Worte durchbohren mich wie Nadelspitzen,
Meine Gefühle stoßen auf Stahl.
Bitte lass mich nicht im Dunkeln sitzen,
Es wäre nicht das erste Mal,

Dass ich durch mein Gefühl geleitet,
Das mir so untrüglich schien,
Mir Schmerz und Trauer nur bereitet,
Und ich hätt's mir nie verzieh'n,

Wenn ich dich beleidigt hätte!
Doch ich liebe dich,
Um jeden Preis und jede Wette...

Engelslächeln

Ein Traum voll heller Sonnenstrahlen !
Vorbei das Leid, vorbei die Qualen !
Nur noch Liebe, Glück und Freude,
Vorbei die Zeit von Angst und Leide,
Die mich quälte jahrelang,
Nur noch dieser starke Drang,
Dich in meine Welt zu schließen,
Und das Leben zu genießen...

Liebe ist stumm…

Die Angst bindet mich,
Der Gedanke windet sich
In mir.
Die Scheu macht mich stumm,
Die Sehnsucht bringt mich noch um,
Zu dir.

Warum nur ?

Das traurige Schimmern in deinen Augen,
Der feuchte Glanz.
All diese grausamen Blicke,
Die einem das Herz zerreißen.
Eine Träne trübt die Schönheit
Deiner Gesichtszüge, und
Treibt sie ins Unendliche !
Das Licht bricht sich schillernd in der
Glänzenden Wahrheit, mit der du mir
Ein Blick in dein Leben gestattest.
Ein Blick in die Grausamkeit eines
Traurigen Augenaufschlages, der mich
Verrückt macht und mich mit
Unwiderstehlichkeit in deinen
Bann zieht, um mir das Leben zu nehmen,
Das er mir gibt um mein
Leben zu erhalten...

Das Versteck im Nichts...

Eine nachdenkliche Stille umgibt dein Gesicht,
Was beschäftigt die Seele,
Die hinter der Fassade eines traumhaft schönen,
Und doch irdischen Körpers verborgen bleibt?
Wo sind deine Gedanken?
Deine Augen geben nur täuschend die Unendlichkeit
Deiner Phantasie wieder,
Mit der du dir ein Bild machst,
Vom Leben; was nichts ist;
Und doch unsagbar schön.
Das Versteck was du suchst in deinem Herzen,
Wirst du nie finden;
Warum sagst du nichts...?

Hoffnung

Deine Gedanken sind überall,
Und nirgendwo.
Du schwebst durch leere Weiten.
Durch deiner Tränen trüber Schwall,
Siehst du irgendwo,
Des Lebens glückliche Seiten.

Hast du gelebt?

Im Augenblick des Todes
Wird sich dir dir Frage stellen:
Hast du gelebt oder warst du immer schon tot ?
Und du wirst sehen, dass du nur den
Bruchteil deines Lebens wirklich gelebt hast…

Des Elfen Traum...

Einsam, traurig, gähnend leer,
lebe ich mein Leben.
Schweigende Stille um mich her,
hört mein stetes Streben.

Ein Flüstern aus des Nebels Wand,
Erreicht mein kaltes Ohr
und es hält mich eine Hand,
warm wie nie zuvor...

Mein Blick umschweift des Elfen Reigen,
verwundert heb' ich an;
doch besser wäre es zu schweigen,

als der süße Traum begann,
denn dieses Geistes Elfenreigen,
wie die Zeit der Welt verrann...

Ich will…!!!

Ich will schreien,
doch ich kann nicht.
Ich will reden, aber ich schweige !

Ich will hassen,
doch ich kann nicht.
Ich will denken, aber ich beleidige !

Ich will weinen,
doch ich kann nicht.
Ich will lieben, doch ich verletze !

Ich will mir verzeihen,
doch ich weiß nicht wie.
Ich wollte es wäre nie geschehen…!

Ein Kind

Wo ist das Kind ?
Hast Du es erschlagen ?
Wo ist das Kind ?
Kannst Du's nicht ertragen ?

Es schläft in Dir,
Es schläft in Mir;
Und manchmal...
Manchmal hör ich's lachen...

Stiehl mir meine Seele !

Eingekehrt und ruhig,
verlangend aber stark,
wartet meine Seele,
Tag um Tag.

Sie war verflogen,
viele Tage lang.
Der Ausflug meiner Seele,
der einst begann,

Ist beschlossen,
ist vorbei,
und nun wartet meine Seele,
- machst du sie frei ?!

Ein Tag stiller Träume

Ein wärmender Schauer,
Ein lachendes Glück,
Vertreiben die Trauer,
Es gibt kein Zurück,

Vom Leben, vom Handeln,
Vom Streben, vom Lachen,
Ein traumhaftes Wandeln,
Vergessen die Sachen,

Die schmerzhaft mir mein Herz zerfressen,
Alles vergeben, vorbei und vergessen,

Nur noch die wohlige Wärme in mir,
Nur noch ein strahlendes Lächeln von Dir,

Ein Schrei der Freude, ein Schrei der Zeit,
Ein Tag stiller Träume und Geborgenheit !

Liebende Herzen

Die Sonne wirft Schatten,
Auf taufrische Wälder,
Die Sonne wirft Schatten,
Auf brachliegende Felder,
Die Sonne wirft Schatten,
Auf liebende Herzen,
Verbrennt und vernichtet,
Wirft Schatten und Schmerzen...!

Was muss ein Mensch empfinden...

Was muss ein Mensch empfinden,
Der die alles erschlagende Gewalt des Krieges
An eigener Haut
Zu spüren bekommt ?

Was muss ein Mensch empfinden,
Wenn er seine geliebte Schwester,
Vergewaltigt und erstochen
In ihrem Hause vorfindet ?

Was muss ein Mensch empfinden,
Dem seinem Bruder vor eigenen Augen
Kaltblütig eine Kugel
Durch den Kopf gejagt wird ?

Was muss ein Mensch empfinden,
Beim Anblick weinender Kinder, die zusehen
Müssen wie sich ihr Vater
Unter der Folter windet ?

Was muss ein Mensch empfinden,
Wenn ein Soldat mit blutigem Messer
In seiner Tür steht,
Und er den Tod greifbar vor Augen hat ?

Was muss ein Mensch empfinden...

Tod & Freude

Ein Strahl aus Stahl
versenkt in mein Herz,
bedeutet die Erlösung.

Deine Tränen

Warme Ströme, kalte Bände,
Schauer, Fluten, leichte Brisen,
Wie das Streichen sanfter Hände,
Wie der Duft von grünen Wiesen.

Wie ein ferner Regenbogen,
Wie ein Eiskristall im Schnee,
Umspülen mich der Trauer Wogen,
Wo ich geh und wo ich steh;

Die Tropfen deiner Leiden Tränen,
Schäumen über, treffen mich,
Fließend, wie der Haare Strähnen,
Umwebt nur meine Sehnsucht Dich…

S

Begreife mein Handeln,
verstehe mein Denken,
versuche zu lenken,
zu wandeln.

Sieh meine Klarheit,
beachte mein Sehen,
trau Dich zu gehen
zur Wahrheit.

Versuch zu verstehen -
gib Klarheit...

Ruhe

Ich sitze in einem kleinen Boot,
Wolken bedecken den Himmel.
Die Fische schwinden im Sonnenrot,
Und der Wind weht sacht.

Eine einsame Stille umschließt mich,
Ferne Lichter glänzen matt,
Kaum etwas regt sich,
Nur das Boot schaukelt leise.

Eine Fledermaus streift das Wasser im Flug,
Es plätschert nur schwach.
Und nur ein Boot mit hohem Bug,
Stört die klare Nacht.

Ein Freund

Trauer

                                              Leid

                    Armut

Angst

                                          Schmerz

                    Panik

Freude

                                        Liebe

                    Einsamkeit

Not

                      Leben
                      Leben
                      Leben

Macht

Ein Fels zerschellt an einer Feder,
denn sie gab ihm Liebe…

Nur eins von vielen…

Ein kleines Kind kann nicht verstehen,
Trotzdem muss es miterleben,
Wie Männer sich an ihm vergehen,
Kein erbarmen, kein Vergeben…

Ein kleines Kind kann nicht begreifen,
Es muss die Männer gieren lassen,
Die sich an seinem Leib vergreifen,
Kann nicht schreien, kann nur hassen…

Ein kleines Kind kann nicht erklären,
Warum die Männer es benutzen,
Es kann sich ihnen nicht verwehren,
Wenn sie lechzend es beschmutzen…

Ein kleines Kind kann nicht vergessen,
Wie einst die Männer es misshandelt,
Wie die Tiere, wie besessen,
Es hätte sich so gern' verwandelt…

Ein kleines Kind kann nicht entfliehen,
Den perversen, kranken Spielen,
Und den Männerphantasien,
Dieses Kind, nur eins von vielen…

Gleich

Eine Eiche und ein Streichholz
sind von gleicher Größe.
Man muss nur die Relationen beachten…

Der letzte Schritt

Jeder Schritt wird ihr zur Qual,
Doch Sie hatte keine Wahl,
Denn Sie verlor den Kampf des Lebens,
Den Kampf des Nehmens und des Gebens,
Das immer während, alte Spiel,
Streben, laufen, ohne Ziel,
Das Spiel von Trauer, Angst und Leid,
Doch es ist aus, Sie ist bereit,
Aus dem Kreislauf auszubrechen,
Sich an der kranken Welt zu rächen,
Und ihre lang gehegte Wut,
Gibt ihrem letzten Schritt den Mut,
Den Schritt zum Abgrund, in die Tiefe…

Dort liegt Sie nun als ob Sie schliefe.
Doch Sie hatte keine Wahl,
Vorbei sind nun der Welten Qual…

Sanfte Flut

Entzünde eine Kerze,
beobachte,
wie langsam ihr Schein
die Dunkelheit durchflutet…
und nun stell Dir vor
die Kerze sei dein Lächeln, und die Dunkelheit mein Herz…

Was uns verbindet...

Ein Falke hebt sich aus den Bäumen,
Steigt empor im Morgengrauen,
Ich sehe dich, beginn` zu träumen,
Kann ich mich Dir anvertrauen...?

Es zieht ein Falke weite Kreise,
An des Himmels trüber Weite,
Und ich lebe still und leise,
Nur mit Dir an meiner Seite...

Es schreit der Falke, laut und schrill,
Durch den kalten Wintermorgen,
Niemand fragt mich ob ich will,
Niemand fragt nach Deinen Sorgen...

Durch die stolze Brust getroffen,
Stürzt der Falke tot hernieder,
Was mir bleibt, ist nur zu hoffen,
Müde schließe ich die Lieder...

Ein Falke liegt vom Schnee verweht,
Auf der harten, kalten Erde,
Und auch meine Zeit vergeht,
Was die Zeit auch bringen werde...

Tote Schmetterlinge

Der erste Strahl der warmen Sonne,
weckt kleine Schmetterlinge,
die langsam und zaghaft das
Frühlingserwachen meines Herzens begrüßen.
Der zweite Strahl des Sonnenscheins
trifft sie mit voller Wärme
und lässt sie mit den Flügeln der schillernden Farbe der Liebe
flattern.
Doch der dritte Strahl, in all seiner Pracht,
verbrennt den kleinen, gerade erst erwachten Faltern,
die zarten Flügel. Elend und einsam,
unfähig zu fliegen, sehen sie
die Sonne am Horizont verschwinden,
und mit dem letzten Strahl,
erlischt ihr letzter stummer Schrei…

Ich träume…

Ich träume von Menschen, von liebenden
Menschen.
Die sich ohne Hass begegnen.

Ich träume von Kriegen, von friedlichen
Kriegen.
Ohne Mord und Angst.

Ich träume von Kindern, von gesunden
Kindern.
In einer heilen Welt.

Ich träume von Freiheit, von grenzenloser
Freiheit.
In einem freien Land.

Ich träume vom Leben, vom schönen
Leben.
Mit lieben Menschen.

Ich träume von Träumen, von traumhaften
Träumen.
Die von allen Wesen geträumt werden…

Zwischen Liebe und Hass

Manchmal erscheint mir das Bild
Das mir meine Gedanken zeigen unklar.
Es wird regiert von unverständlichen
Mächten die sich regen und doch
Reglos sind. Ist es Liebe ?
Manchmal erscheinen meine Gedanken
In einem grauen, lichtfressenden
Farbton, der sich vom tiefsten
Schwarz ins tiefste Schwarz wandelt.
Ohne Sinn. Ist es Hass ?
Manchmal erscheine ich mir falsch
Und unwirklich, im falschen Leben;
Farbtöne und Gedanken sind unveränderlich
und wechseln doch ständig.
Hingerissen zwischen Liebe und Hass ?

Morgens

Morgens, wenn die Welt noch unter einem
Grauem Schleier verborgen liegt,
Wenn die Vögel noch friedlich schlafen,
Wenn die Sonne nur mühsam
Die Nacht vertreibt,
Begrüßt mich dein Lachen,
Dein verträumtes Gesicht,
Deine wunderschönen Augen,
In jenen Momenten,
Vergesse ich all die Sorgen die ich trage,
Vergesse den Alltag, vergesse meine Existenz.
In jenen Momenten sehe ich nur Dich,
Und frage mich,
Wer bist Du?

Einblicke

Ein Blick in die Seele eines Menschen,
ist etwas intimeres als
GEIL DEN NACKTEN KÖRPER ZU BEGAFFEN !

Mein kleiner Stern

Zarte Träume, ferne Düfte
Wehen in mein neues Leben,
Frühlingssonne, warme Lüfte,
Freude nehmen, Liebe geben,

Bitte bleib mein kleiner Stern,
Denn ich hab dich furchtbar gern…!

Und trotzdem…

Tiefe Trauer erfüllt mein Herz,
Und was dort bleibt ist nichts als Schmerz !
Gedanken und Ängste quälen mich;
Doch nur dich alleine liebe ich !

Wie lange...?

Bohrend quält die Sehnsucht mich,
Es ist als gäbe es nur DICH,
Es ist als schreit etwas in mir,
Der Schrei nach Wärme, der Schrei nach DIR.
An was ich denke ohne Ruh,
Ist mein LEBEN, das bist DU
Mein Ein und Alles und mein Ziel,
Es scheint gering, ist doch so viel.
Nie vergessen werd' ich DICH,
Noch immer quält die Sehnsucht mich...

????????

? DU bewunderst mich ?
? BEWUNDERST du mich ?
? MICH bewunderst du ?

? Lachhaft ?

Tragisch ?

Leben und Sterben -
ist eins.
Doch realisieren,
tun wir keins.
Tragisch ?

Entdecke mich !

Eines Tages,
wenn die Welt in ihren
gewohnten,
grauen Zügen liegt,

wird mein grenzenloser
Schrei der
Freude
jene Züge erhellen...

Liebe oder Lüge ?

Sag was ist...
Siehst du mich
Mit dem Herz oder mit dem Verstand?
Mit Liebe oder Lüge?

Der letzte Seufzer...

Rot rinnt das Blut an der Klinge entlang,
Schmerzhaft klafft die Wunde.
Alles was lebt ist ohne Belang,
Ein Seufzer entfährt deinem Munde.

Tief sitzen die Schmerzen,
Die höllische Pein,
Und mit gebrochenem Herzen,
Vollbringst du allein,

Den letzten, tödlichen Schnitt,
Der dir die Adern aufreißt;
Und deine Ängste und Sorgen nimmst du mit...

Zu unbedeutend...

Tausende von Dimensionen
erwarten uns.
In flacher, primitiver
Weise
streben wir drei von ihnen an;
Und selbst diese drei
geben uns noch unzählige Rätsel auf.
Wie sollten wir da die
Krone der Schöpfung
sein ?

Ich werd es niemals träumen…

Die Zeit sie ist vergangen,
Tag für Tag und immer mehr!
Wer hat mich aufgefangen?
Zu lange ist es her,

das dein Lächeln mich verwirrte,
noch immer weiß ich nicht genau.
war ich es der sich irrte?

Ich werd es niemals träumen,
ich werd es niemals wissen.
Doch mein Herz wird's nie versäumen,
deine Liebe zu vermissen!

Und überall nur Hass...

Am Leben vorbei gelebt,
Jeder Teil meines Körpers bebt,
Die unsagbare Chance vergeben,
Mein eigenes Leben zu leben;
Und überall nur Hass...!

Gelenkt von Angst und Wut,
Zum Leben fehlte der Mut.
Das was dort lebt, das bin ich nicht,
Es ist ein fremdes, graues Gesicht,
Und überall nur Hass...!!

Außenstehend und mitten drin,
Such ich im Leben einen Sinn.
In einem Leben, das ich nie lebte,
In dem ich nach unerreichbarem strebte...
Und überall nur Hass...!!!

Ein Herz bedeckt mit Schnee...

Die Stunden vergehen,
und die Zeit die läuft ab,
Ich habe mich gesehen,
an dem einsamen Grab,

Oh es tut so weh,
Oh es tut so weh,
ein Herz bedeckt mit Schnee...

An deinem Grabe zu stehen,
des Herzens Gewalt,
doch zu feige um zu gehen,
mir ist eisig und kalt,

Oh es tut so weh,
Oh es tut so weh,
ein Herz bedeckt mit Schnee...

Eine Rose in weiß,
dich ich dir mitgebracht hab`,
leg ich aufs Eis
vor deinem träumenden Grab,

Oh es tut so weh,

Oh es tut so weh,
ein Herz bedeckt mit Schnee...

So gehst du nun hin,
in ein anderes Leben,
wo ich es nicht bin,
der dir Liebe wird geben...

Oh es tut so weh,
Oh es tut so weh,
Oh es tut so weh,

Oh es tut so weh,
Oh es tut so weh,
ein Herz bedeckt mit Schnee...

Weite Felder

Weite Felder, ruhig und schön...
Stehen in Flammen;
entfacht durch einen Blitz-
Der ein Herz zerriss...

Hast du es gemerkt?

Ich schaue in dein verträumtes Gesicht,
Ich sehe einen Menschen,
Dein Lächeln, es umspielt sanft deine Lippen,
Deine Augen strahlen mich an...
Ist dort etwas?
Fühlst du nicht auch diese wohlige Wärme?
Die Wärme die sich vom Herzen aus, langsam verbreitet?
Es kribbelt sachte in jeder Zelle meines Körpers...
Deine Hand berührt meine heiß-kalte Haut,
Nur flüchtig, und trotzdem eine Ewigkeit.
Ich spüre deine Nähe,
Dein warmer Körper schmiegt sich an mich,
Ich schließe die Augen,
Deine Nähe lässt mich erstarren,
Langsam durchfließt mich deine Wärme,
Ich genieße jede Sekunde,
Ich genieße die Zeit,
Ich genieße dich,
Und du?
Hast du was gemerkt?

Herz

Mein Schädel schmerzt,
Mein Herz krampft sich zusammen,
Ich habe es verscherzt,
Die Welt ist eingegangen…

Ein Stern

Ein Stern erstrahlt in heller Pracht,
Und leuchtet durch die dunkle Nacht,
Sein Licht ist alt, es kommt von Fern,
Doch wer erfreut sich an dem Stern,
Der sich so sanft bemerkbar macht,
Und strahlt und leuchtet durch die Nacht ?
Ein keines Kind erblickt den Stern,
Bewundert ihn und hat ihn gern,

Doch hast du das System durchdacht ?
Sag, bist du aus dem Traum erwacht ?

Mein kleines Leben

Ich entschwinde meinem Denken,
Ich sehe Dir in dein Gesicht,
Oh könnte ich mein Leben lenken,
Oh könnte ich Dir Träume schenken,
es fiele auch nicht ins Gewicht.

Das Leben tröpfelt, läuft es fließt,
Gleich einer Träne feucht und kalt,
wie eine Pflanze langsam sprießt,
wie der Regen sie begießt,
ich finde keinen festen Halt.

So träume ich mein kleines Leben,
träume einsam Tag für Tag,
Oh könnt` ich Dir mein Leben geben,
Oh könnte ich nach Frieden streben,
siehst du die Sorgen die ich trag...?

Der kalte Tod

Alles Denken, alles Handeln,
Alles Streben, alles Leben,
Ist so unnütz, ist vergebens,
Denn am Ende aller Not,
Steht vor dir der kalte Tod...!

Einsamkeit

Gefährlich leuchtet blass das Meer,
Einsam schwimmt das Boot.
Drohend treibt der Sturm daher,
Ein Blitz erstrahlt hellrot.

Das kleine Dorf wirkt stumm und leer,
Kalt liegt in der Luft der Tod,
Über dem Dorf schwebt dumpf und schwer,
Die schleichend nahende Not.

Alles ist ruhig und still,
Mit einem mal der Himmel kracht,
Als ob es alles zerreißen will.

Gellend eine Möwe lacht,
Dann ist es wieder still,
Der Sturm beruhigt sich über Nacht.

Wenn du wüsstest...

Ein stiller, unendlich vertrauter Glanz
spiegelt sich,
in der verbotenen und doch reellen Wahrheit
deiner Nähe !
Begreife dies, und jene Wahrheit
lebt auf !
- oder wird zerstört...

Totes Leben

Du stehst vor der gähnenden Tiefe;
Was hält dich noch ?
Die Entscheidung liebt bei dir…

Es ist als ob dich jemand riefe:
"Spring, so spring doch…"
Doch du bleibst hier…

Wenn es jetzt ganz anders liefe,
Und du verschwändest in dem Loch,
Die Reihe wäre an mir,

Mich zu stürzen in die Tiefe,
Nichts hielte mich noch,
Nichts, nur ein Leben mit dir…

Nahe dran...

Wenn Geringes unwichtig wird,
Wenn Gigantisches greifbar wird,
Wenn Vergängliches Vergangenheit ist;
Dann bist du der Erkenntnis
Nahe !

Nur einmal…

Nur einmal will ich es verspüren,
Frei sein, frei von Gittern und Türen,
Nicht mehr gefangen sein in diesem Leben,
Nur einmal mit Schmetterlingsflügeln schweben;
Nur einmal will ich das Gefühl verspüren,
und mich frei von dieser Welt entführen…

Immer das gleiche jeden Tag,
Ich werde nicht gefragt ob ich das mag,
Ich hasse es und ich will es nicht machen,
Ich scheiß auf euer dummes Lachen, denn

Wie wollt ihr mich zu diesem Leben zwingen ?
Eher würde ich mich selbst umbringen !
Es gibt viele Dinge in meinem Leben,
Doch ich würde sie alle, alle geben, denn

Ihr wisst nicht wie das ist nach Freiheit zu streben,
Sich frei machen, frei vom irdischen Leben,
Jederzeit die Freiheit für sich zu wählen,
Nie wieder Stunden oder Zeit zu zählen, doch

Nur einmal will ich es verspüren,
Frei sein, frei von Gittern und Türen,
Nicht mehr gefangen sein in diesem Leben,
Nur einmal mit Schmetterlingsflügeln schweben;
Nur einmal will ich das Gefühl verspüren,

und mich frei von dieser Welt entführen...
Nur einmal...

Mit geschlossenen Augen gelebt…

Die Augen schließen,
Und unschuldig genießen,
Leid und Trauer verdrängen,
Das Blickfeld einengen,
Das Schlechte vergessen,
Sich mit niemandem messen,
Alles von einer Seite sehn,
Nicht auf das Schuldgefühl eingehn,
Was sich in dir regt,
Und dir aufs Gewissen schlägt,
Das eigene Leben leben,
Nichts auf die Gefühle anderer geben,
Das Leid nicht erkennen,
- und daran selber verbrennen…

Sand

Zähl des Sandes Korn am Meer,
denn ich lieb Dich noch viel mehr...

Noch einmal leben...

...neherdkcüruz tieZ eid hci etnnök hO

Zu versenken was uns band...

Ich kann nicht fühlen,
kann nur denken,
kann nur träumen,
kann nicht lenken,

Meilentief im Meeressand,
kann nur denken,
kann nur träumen,
zu versenken,
was gewesen,

Doch ich fühl' keine Bedenken
und es treibt mich an den Rand,
nur zu träumen,
nicht zu denken
was gewesen,
was uns band...

Wie Hände in der Glut

Wie Hände in der Glut,
Wie Ranken,
Strecken sich dir entgegen,
Die kranken
Seelen.

Doch wie abgeriegelt,
Tief in sich;
Angst vor dem grellen Licht.
Es treibt mich
Dort hin.

Ein zerreißendes Leid,
Im Abendrot,
Es frisst sich in mein Hirn;
Doch der Tod
Greift an.

Wenn der Funke erlischt,
In ihr drin
Hat das Leiden ein Ende -
Und der Sinn ?
Verworfen.

Gefangen

Wir leben in den Tag hinein,
dumm und blind sind dumpf und leer
jeder Tag ein neuer Kampf,
ein ewig gleiches hin und her...
Wir reden viel und sagen nichts,
berieseln uns mit falschen Welten,
sehen nicht was hier passiert,
lassen keine andere Wahrheit gelten!

Wir sehen nur die eine Welt,
erkennen nicht die Dimensionen,
Wir leben nur für Ruhm und Geld,
verstehen unser Schicksal nicht.
Wir sind arrogant und nicht zu beugen,
egozentrisch und verblendet,
Lassen und nicht überzeugen,
halten fest an altem Staub!

Wir sterben jede Nacht aufs neue,
träumen uns in andre Welten,
begreifen nicht was vor sich geht,
lassen nicht die Träume gelten...
Wir treten auf der selben Stelle,
und wir schwimmen mit dem Strom,
Was Phantasie und Träume sind,
ich frage dich, wer glaubt das schon...

Komm und fliege mit in meine Welt,
komm ich zeige dir wies geht,
Komm und mach dich frei von Sorgen,
Es ist noch lange nicht zu spät,
Noch kannst du Glück und Freiheit atmen
noch kannst du es verstehn,
Komm und schau durch meine Augen
Lass dir die Chance nicht entgehn.

Öffne deine blinden Augen!
Sprich mit deinem stummen Mund!
Höre mit den tauben Ohren!
Lass dich von allen Sinnen täuschen!
Öffne deine blinden Augen!
Sprich mit deinem stummen Mund!
Höre mit den tauben Ohren!
Zeige mir die echte Welt!
Öffne deine blinden Augen!
Sprich mit deinem stummen Mund!
Höre mit den tauben Ohren!

Namentlich möchte ich folgenden Personen danken:

Elisabeth A. und Volker A.

meinen lieben Eltern, denen ich so viel zu verdanken habe. Ihr seid die besten Eltern der Welt!

Christina A.

meiner Schwester, die mir mit Rat und Tat zur Seite steht. Danke Schwesterchen!

Außerdem:

Til S.

Meinem besten Freund, der mich seit Jahrzehnten begleitet und immer für mich da ist.
Danke dass es Dich gibt!

sowie allen anderen Freunden und Menschen in meinem Leben, die mich begleiten oder begleitet haben, die ihren Weg mit mir gehen oder gingen und die mein Leben bereichert haben. Vielen Dank an euch!

Notizen

Notizen

Notizen

Notizen

Notizen

Notizen

Notizen

Notizen

Notizen

Impressum

3. Auflage, 2013

Herstellung und Verlag
Books in Demand GmbH, Norderstedt
978-3-7322-3446-2

Text und Layout
Neo Overstreet

Neo
Overstreet

Neo wurde im Jahre 1979 in Gelsenkirchen geboren. Von 1985-1998 besuchte er die Freie Waldorfschule in Gladbeck. Hier schrieb er auch seine ersten Gedichte.

Im Jahre 1998 beendete er die Schule mit der allgemeinen Hochschulreife. Von 1999-2000 diente er als Feldjäger bei der Bundeswehr in Koblenz. Im Oktober des Jahres 2000 begann er sein Studium an der Fachhochschule für Rechtspflege und Verwaltung in Hannoversch Münden.

Er beendete das Studium drei Jahre später als Diplom Verwaltungswirt FH und Polizeikommissar im gehobenen Polizeivollzugsdienst des Landes Niedersachsen.

Neben dem Schreiben ist er als Schlagzeuger in verschiedenen Bands und Musikprojekten aktiv,

Gedichte waren und sind für ihn seit vielen Jahren künstlerisches Medium, Hobby und Eigentherapie. Bei dem Spiel mit Worten findet er Ruhe, Ausgeglichenheit und Entspannung und kann zum Ausdruck bringen, was sein kleines Leben bewegt.